Nicolas Bartschat

Die Konjunkturkrise 2008-2009

GRIN Verlag

Bibliografische Information der Deutschen Nationalbibliothek:

Die Deutsche Bibliothek verzeichnet diese Publikation in der Deutschen National-
bibliografie; detaillierte bibliografische Daten sind im Internet über http://dnb.d-
nb.de/ abrufbar.

Impressum:

Copyright © 2010 GRIN Verlag GmbH
Druck und Bindung: Books on Demand GmbH, Norderstedt Germany
ISBN: 978-3-640-79722-6

Dieses Buch bei GRIN:

http://www.grin.com/de/e-book/164453/die-konjunkturkrise-2008-2009

GRIN - Your knowledge has value

Der GRIN Verlag publiziert seit 1998 wissenschaftliche Arbeiten von Studenten, Hochschullehrern und anderen Akademikern als eBook und gedrucktes Buch. Die Verlagswebsite www.grin.com ist die ideale Plattform zur Veröffentlichung von Hausarbeiten, Abschlussarbeiten, wissenschaftlichen Aufsätzen, Dissertationen und Fachbüchern.

Besuchen Sie uns im Internet:

http://www.grin.com/

http://www.facebook.com/grincom

http://www.twitter.com/grin_com

Wirsberg-Gymnasium Würzburg

Kollegstufe 2009/2010

Leistungskurs Wirtschafts- und Rechtslehre

FACHARBEIT

Konjunkturkrise 2008/2009

Verfasser: Nicolas Bartschat

Empfangsvermerk: Die Facharbeit wurde heute bei
                     mir abgeliefert.

                     Datum ....

                     Unterschrift ....

Bewertung: Punkte (schriftlich):
                     Einfachwertung: .... x 3 = ...

                     Punkte (mündlich):
                     Einfachwertung: .... x 1 = ...

                     Summe: ....

                     <u>Gesamtleistung:</u>

                     einfache Wertung = Summe : 4   ....
Punkte

                     doppelte Wertung = Summe : 2   ....
Punkte

                     Unterschrift des Kursleiters

                     ....

Inhaltsverzeichnis

3

Verzeichnis der Schaubilder

1. Vorbemerkung

Im Jahr 2008 erreichte die Finanzkrise nach der Insolvenz etlicher großer Bankhäuser, wie beispielsweise IndyMac und Washington Mutual ihren Höhepunkt. Bereits seit 2007 zeichnete sich eine kritische Entwicklung ab, die durch den Bank Run auf die britische Hypothekenbank Northern Rock im September 2007 schließlich auch in den Medien stärkere Beachtung fand.[1] [2]

Als am 15. September 2008 das Bankhaus Lehman Brothers, bei dem man in Fachkreisen davon ausging, dass es „too big to fail" sei, in Insolvenz ging, hielt nicht nur die Finanzwelt rund um den Globus den Atem an.[3] Dem anschließenden Börsencrash folgte eine dramatische Talfahrt der Aktienkurse. Das internationale Finanzsystem befand sich in einem absoluten Ausnahmezustand und stand am Rande des Zusammenbruchs.[4]

In Deutschland kam es durch den Beinahe-Zusammenbruch des Immobilienfinanzierers Hypo Real Estate zu einer extremen Zuspitzung der Situation im Finanzwesen.[5] Die Dramatik der Situation im Oktober 2008, in der die Gefahr eines Bank Runs bestand, zwang die Politik zu außergewöhnlichem Handeln. Bundeskanzlerin Angela Merkel und Bundesfinanzminister Peer Steinbrück traten am Sonntagabend, dem 5. Oktober 2008, in Berlin zu einem gemeinsamen Statement vor die Presse. Sie informierten die Bevölkerung darüber, dass die Regierung beabsichtige, zusätzlich zu dem schon

---

[1] Unter „Bank Run" versteht man die Gefahr der Zahlungsunfähigkeit einer Bank durch den massiven Abzug von Kundeneinlagen nach Bekanntwerden eines hohen Wertberichtigungsbedarf, der bei den Einlegern Zweifel an der Bonität der Bank aufkommen lässt, vgl. http://www.wirtschaftslexikon24.net/d/bank-run/bank-run.htm (Abruf am 16.01.2010).
[2] Vgl. Göcmen, Firat/ Polonis, Adalbert: Die Reaktionen der Zentralbanken im internationalen Vergleich, in: Elschen, Rainer/ Lieven, Theo (Hrsg.): Der Werdegang der Krise, 2009, S. 249/250.
[3] „Too big to fail" bedeutet, dass ein Unternehmen ab einer bestimmten Größe davor geschützt ist, insolvent zu gehen, da es durch eine staatliche Intervention gerettet werden wird, um eine Gefährdung der gesamten Volks- oder Weltwirtschaft zu verhindern, vgl. http://de.wikipedia.org/wiki/Too_Big_to_Fail (Abruf am 16.1.2010).
[4] Vgl. Krassin, Annika/ Lieven, Theo/ Tran, Thi Mai Yen: Asset Backed Securities (ABS) und ihr Einfluss auf die Entwicklung der Finanzkrise, in: Elschen, Rainer/ Lieven, Theo (Hrsg.): Der Werdegang der Krise, S. 90/91.
[5] Vgl. Bryazgin, Kyrill/ Hader, Jan/ Lieven, Theo: Folgen der Krise für die internationale Finanzwirtschaft, in: Elschen, Rainer/ Lieven, Theo (Hrsg.): Der Werdegang der Krise, S. 151.

existierenden Einlagensicherungssystem eine staatliche Garantie für die Spareinlagen in Deutschland zu übernehmen.[6]

„Wir sagen den Sparerinnen und Sparern, dass ihre Einlagen sicher sind."[7]

Diese Staatsgarantie für alle Spareinlagen sollte verhindern, dass die Bankkunden nach der Beinahe-Pleite der Hypo Real Estate ihre Konten plündern.

Ausgelöst durch die Krise des Finanzsystems entwickelte sich eine globale Rezession, die oft mit der Weltwirtschaftskrise von 1929 verglichen wird.[8] Für Deutschland war es die schwerste Konjunkturkrise, die die Bundesrepublik bisher erlebte.

Die vorliegende Arbeit untersucht die Ursachen für die weltweite Konjunkturkrise 2008/09 und zeigt deren Auswirkungen auf die deutsche Wirtschaft. Ebenso dargestellt werden die Maßnahmen, mit denen die deutsche Bundesregierung und die Europäische Zentralbank versuchten, den Finanzmarkt zu stabilisieren und die Konjunktur wieder zu beleben. Betrachtet werden dabei die Entwicklungen bis zur Jahresmitte 2009.

Bewusst nicht eingegangen wird auf Themen wie die Verbriefungsformen der Hypothekenforderungen durch die Zweckgesellschaften, den Vergleich mit der Weltwirtschaftskrise 1929, die Entwicklung der Staatsverschuldung und die Auswirkungen der Wirtschaftskrise auf den Mittelstand oder bestimmte Wirtschaftszweige, da der vorgegebene Umfang der vorliegenden Arbeit eine Behandlung dieser Themen nicht erlaubt.

---

[6] Vgl. Becker, Hans Peter/ Peppmeier, Arno: Bankbetriebslehre, 2008, S. 115 ff.
[7] Vgl. Rüdiger, Ditz: Merkels Guthaben-Garantie, 5.10.2008, http://www.spiegel.de/wirtschaft/0,1518,582308,00.html (Abruf am 16.1.2010).
[8] Vgl. Schneider, Alexandra: Analyse der aktuellen Finanzkrise und deren Auswirkungen auf den Mittelstand, 2009, S. 59/60.

2. Ursachen und Auswirkungen der Konjunkturkrise 2008/09

2.1. Die Finanzmarktkrise – Ursache der Weltwirtschaftskrise

2.1.1. Die amerikanische Immobilienkrise als Wurzel der Finanzmarktkrise

Im Folgenden sollen die Auswirkungen der US-Immobilien-Krise auf die internationalen Finanzmärkte gezeigt werden, die zur Konjunkturkrise 2008/09 geführt haben.[9] Ausgangspunkt waren die kreditfinanzierten Immobilienkäufe der privaten Haushalte in den USA, die eine Immobilienblase zur Folge hatten.[10] [11]

Der Zusammenbruch der New Economy und der damit verbundene Crash an den Aktienmärkten sowie die Attentate vom 11. September 2001 veranlassten die amerikanische Notenbank, die Leitzinsen schrittweise von 6,5 % in 2001 auf ein Niveau von 1 % in 2003 (siehe Schaubild 7 im Anhang) zu senken.[12] Diese Zinspolitik ermöglichte vielen amerikanischen Haushalten den Kauf einer eigenen Immobilie.

Die starke Nachfrage nach Immobilien ließ deren Wert enorm ansteigen.[13] In bevorzugten Regionen wie Florida, Kalifornien, Arizona und Nevada kam es innerhalb weniger Jahre nahezu zu einer Verdoppelung der Hauspreise.[14] [15] Ihren Zenit erreichte die Hauspreisentwicklung in 2005 (siehe Schaubild 8 im Anhang).[16]

Durch die Preissteigerungen stand den Eigentümern der Immobilien ein höherer Wert als Kreditsicherheit zur Verfügung, den diese für weitere kreditfinanzierte Ausgaben nutzten.[17] Immer mehr amerikanische Bürger wollten an dieser Entwicklung teilhaben.

---

[9] Vgl. Sommer, Rainer: Die Subprime-Krise und ihre Folgen, 2009, S. 1 ff.
[10] Vgl. Sinn, Hans-Werner: Kasino Kapitalismus, 2009, S. 54 ff.
[11] Vgl. Soros, George: Das Ende der Finanzmärkte – und deren Zukunft, 2008, S. 94.
[12] Vgl. Glebe, Dirk: Die globale Finanzkrise, 2008, S. 112.
[13] Vgl. Otte, Max: Der Crash kommt, 2009, S. 90 ff.
[14] Vgl. Münchau, Wolfgang: Kernschmelze im Finanzsystem, 2008, S. 7.
[15] Vgl. Köhler, Wolfgang: Wall Street Panik, 2008, S. 17.
[16] Vgl. Köhler, Wolfgang: Wall Street Panik, S. 10.
[17] Vgl. Sinn, Hans-Werner: Kasino Kapitalismus, S. 113 ff.

Investieren um zu konsumieren war die Devise.[18] Die Zahl der Neubauten stieg stetig und erreichte Anfang 2006 ein Rekordniveau (siehe Schaubild 9 im Anhang).[19]

Neben niedrigen Zinssätzen, die allerdings nach wenigen Jahren nach oben angepasst werden konnten, war bei vielen Krediten die Aussetzung der Tilgung für mehrere Jahre vereinbart. Die amerikanischen Banken boten zudem Hausfinanzierungen ohne Bonitätsprüfung, das heißt ohne Vermögens-, Eigenkapital- und Einkommensnachweis - sogenannte NINJA-Hypotheken - an.[20][21] Die Kreditabsicherung erfolgte vielfach ausschließlich durch eine Hypothek auf die erworbene Immobilie, wobei die Finanzierungsquote oft über 85 %, häufig sogar über 100 % lag.[22][23]

Ergebnis war eine Aufblähung des so genannten Subprime-Hypothekenmarktes, d.h. der Vergabe von riskanten Krediten an Schuldner geringer Bonität. 2001 gingen nur 7 % aller US-Hypotheken mit einem Kreditvolumen von ca. 160 Mrd. US-Dollar an Kreditnehmer mit schlechter Kreditwürdigkeit. In 2006 betrugen die Subprime-Kredite rund 21 % der gewährten Immobilienkredite oder rund 600 Mrd. US-Dollar, wovon laut Credit Suisse in 2006 etwa 276 Milliarden USD den sog. NINJA-Hypotheken zuzurechnen waren (siehe Schaubild 10 im Anhang).[24][25][26]

---

[18] Vgl. Sinn, Hans-Werner: Kasino Kapitalismus, S. 113 ff.
[19] Vgl. Czaykowski, Mario/ Gehring, Hermann/ Theiselmann, Thomas/ Wink, Kerstin: Konsumverhalten und Hypothekenmarkt in den USA, in: Elschen, Rainer/ Lieven, Theo (Hrsg.): Der Werdegang der Krise, S. 41.
[20] Vgl. o.V.: Eine kleine Bank in der großen Welt, in: Frankfurter Allgemeine Zeitung vom 3.8.2007, S. 12.
[21] NINJA(Hypotheken) = no income, no job, (no) assets, vgl. Christian Minaty: Finanzkrise (10): Vom eigenen Traumhaus in die Zeltstadt, 15.6.2009, http://www.aspect-online.de/finanztipps/finanzkrise-10-vom-eigenen-traumhaus-in-die-zeltstadt-15062009.htm (Abruf am 17.1.2010)/ vgl. Huth, Tobias: Aggressives Marketing von Banken und Finanzvermittlern, in: Elschen, Rainer/ Lieven, Theo (Hrsg.): Der Werdegang der Krise, S. 51.
[22] Vgl. ver.di: Wirtschaftspolitische Informationen 3/2008, Finanzmarktkrise, 2008, S. 3/4.
[23] Vgl. Czaykowski, Mario/ Gehring, Hermann/ Theiselmann, Thomas/ Wink, Kerstin: Konsumverhalten und Hypothekenmarkt in den USA, in: Elschen, Rainer/ Lieven, Theo (Hrsg.): Der Werdegang der Krise, S. 41.
[24] Vgl. Sommer, Rainer: Die Subprime-Krise, 2008, S. 11 ff.
[25] Vgl. Sommer, Rainer: Die Subprime-Krise und ihre Folgen, 2008, S. 22.
[26] Vgl. ebd., S. 11.

2.1.2. Die Internationalisierung der amerikanischen Immobilienprobleme

Die Ausweitung der US-Immobilienblase hatte einen vermehrten Refinanzierungsbedarf der Hypothekenbanken zur Folge. Um Kapital für neue Kredite zu akquirieren, wurden Kreditforderungen guter und schlechter Bonität gebündelt an Zweckgesellschaften verkauft, die von den Banken eigens für diesen Zweck eingerichtet worden waren.[27]

Die Zweckgesellschaften wandelten die Forderungen durch Verbriefung in eigene Anleihen um und boten diese auf dem Kapitalmarkt an. Vor ihrem Verkauf wurden sie durch Ratingagenturen – vielfach als zu sicher – beurteilt.[28] Völlig außer Acht gelassen wurde dabei vor allem die Möglichkeit des Platzens der Immobilienblase, wodurch eine eklatante Fehlbewertung dieser Anlageform erfolgte.

Mit attraktiven Zinsen ausgestattet, wurden die Anleihen in größeren Paketen an institutionelle Investoren wie Pensionskassen, Versicherungen, Banken, Hedge-Fonds und reiche Privatleute in aller Welt verkauft, für die aufgrund der Bündelung deren Risiko nicht erkennbar war. Durch ihren Verkauf im Wert von vielen hundert Milliarden US-Dollar erfolgte eine Internationalisierung der Probleme, die auf dem US-Immobilienmarkt entstanden waren.[29]

2.1.3. Die Entwicklung einer Krise der Banken und des internationalen Finanzsystems

Nach der Überhitzung auf dem amerikanischen Immobilienmarkt, durch die US-Immobilien mit Spitzenpreisen bewertet wurden und die ein Überangebot an neuen Häusern generiert hatte, begannen im Sommer 2006 die Immobilienpreise zu stagnieren.[30] In der Folgezeit kam es zu einem massiven Preisverfall, der sich in 2007

---

[27] Vgl. Schneider, Alexandra: Analyse der aktuellen Finanzkrise und deren Auswirkungen auf den Mittelstand, 2009, S. 12 ff.
[28] Vgl. Bloss, Michael/ Eil, Nadine/ Ernst, Dietmar/ Häcker, Joachim: Von der Subprime-Krise zur Finanzkrise, 2009, S. 87.
[29] Vgl. Franke, Günter/ Krahnen, Jan Pieter: Finanzmarktkrise, Ursachen und Lehren, in: Frankfurter Allgemeine Zeitung vom 24.11.2007, S. 13.
[30] Vgl. Münchau, Wolfgang: Kernschmelze im Finanzsystem, 2008, S. 9 – 14.

stark beschleunigte. In Boomregionen wie beispielsweise Florida brachen die Preise um bis zu 50 % ein, landesweit gaben sie im Durchschnitt um rund 25 % nach.[31]

Ein weiterer wichtiger Faktor waren die Zinserhöhungen der US-Notenbank von 1 % in 2004 auf 5,25 % in 2006 (siehe Schaubild 7 im Anhang).[32] Dies führte wegen der gestiegenen Zinsen der meist variablen Hypothekenkredite dazu, dass viele Kreditnehmer ihren Schuldendienst nicht mehr leisten konnten und gezwungen waren, ihre Immobilien zu verkaufen.[33]

Dadurch entstand ein sich dynamisch entwickelnder Teufelskreis. Die zunehmenden Hausverkäufe führten zu Preissenkungen, die wiederum zur Folge hatten, dass viele Kredite zumindest teilweise ungesichert waren, da der Immobilienwert als Kreditsicherheit diente. Schätzungsweise ein Viertel der US-Immobilien sank in seinem Wert unter seinen Darlehensbetrag. Daraus resultierten weitere Immobilienverkäufe, die ein erneutes Absinken des Preisniveaus sowie zunehmende Ausfälle von Hypothekenkrediten zum Ergebnis hatten.[34]

Die Subprime-Kreditgeber hatten große Verluste zu verzeichnen. Dies waren in erster Linie die Zweckgesellschaften, an die die Banken ihre Kredite gebündelt weiterverkauft hatten, und Investmentbanken, die von diesen die in Anleihen umgewandelten Hypothekenkredite gekauft hatten. Die Subprime-Anleihen, die von Banken in der ganzen Welt in ihrem Bestand gehalten wurden, verloren dramatisch an Wert. Man geht davon aus, dass der Wertverlust in 2007 ungefähr 95 % betrug. Nicht nur große amerikanische Investmentbanken wie Bear Stearns und Morgan Stanley, sondern Bankhäuser in der ganzen Welt, mussten Abschreibungen in Milliardenhöhe vornehmen.[35] Eine Übersicht der größten Abschreibungsvolumina zeigt Schaubild 11 im Anhang. Dies blieb nicht ohne Folgen für den Bankensektor. Eine der schwersten Bankenkrisen seit Menschengedenken nahm ihren Lauf.

---

[31] Vgl. Sinn, Hans Werner: Kasino Kapitalismus, S. 48/49.
[32] Vgl. Czaykowski, Mario/ Gehring, Hermann/ Theiselmann, Thomas/ Wink, Kerstin: Konsumverhalten und Hypothekenmarkt in den USA, in: Elschen, Rainer/ Lieven, Theo (Hrsg.): Der Werdegang der Krise, 2009, S. 43.
[33] Vgl. Marschall, Christoph: Harrys Häuser – Eine Reise an die Quelle der Immobilienkrise, aus der eine weltweite Finanzkrise wurde, in: Main-Post vom 31.10.2008, S. 4/5.
[34] Vgl. Sinn, Hans Werner: Kasino Kapitalismus, S. 48/49.
[35] Vgl. ebd., S. 74/75/189.

Viele US-Banken gerieten in Schwierigkeiten. Nicht nur die beiden größten Hypothekenfinanzierer Freddie Mac und Fannie Mae hatten Probleme, sondern auch viele andere amerikanische Bankhäuser mussten Insolvenz anmelden. Namhafte Investmentbanken wie Bear Stearns kämpften um ihre Existenz.[36] Auch prominente europäische Bankhäuser wie die UBS in der Schweiz, Northern Rock in England und die deutsche IKB gerieten in die Schieflage. Aus der Krise des US-Immobilienmarktes war eine internationale Finanzkrise geworden.[37]

Vor allem die überraschende Insolvenz von Lehman Brothers, der viertgrößten Investmentbank der USA, am 15. September 2008 beschädigte das Vertrauen in die Banken massiv. Durch diese größte Unternehmensinsolvenz in der Geschichte erreichte die Finanzmarktkrise eine neue Dimension.[38] Die Situation eskalierte in dramatischer Weise, die Finanzmärkte reagierten geschockt. Die Kreditbeziehungen zwischen den Finanzinstituten kamen fast zum Erliegen und das internationale Finanzsystem drohte zusammenzubrechen.

Am 3. Oktober 2008 beschloss die Regierung der USA deshalb ein Programm zur Rettung der Banken. Dieser Maßnahme schlossen sich weltweit die Regierungen und Notenbanken der Industrienationen mit eigenen Rettungsprogrammen für den Bankensektor an.[39] Dadurch gelang es, die drohende Gefahr eines Zusammenbruchs des Finanzsystems zu bannen. Die realwirtschaftlichen Folgen jedoch waren katastrophal. Weltweit schlitterten die Volkswirtschaften in eine tiefe Rezession.

---

[36] Vgl. Dowideit, Anette: Eine Wallstreet-Legende wird gefleddert, 19.4.2008, http://www.welt.de/finanzen/article1819009/Eine_Wall_Street_Legende_wird_gefleddert.html (Abruf am 10.12.2009).

[37] Vgl. Franke, Günter/ Krahnen, Jan Pieter: Finanzmarktkrise, Ursachen und Lehren, in: Frankfurter Allgemeine Zeitung vom 24.11.2007, S. 13.

[38] Vgl. Lieven, Petra: Lehman 9/15: Die größte Insolvenz aller Zeiten, in: Elschen, Rainer/ Lieven, Theo (Hrsg.): Der Werdegang der Krise, 2009, S. 221.

[39] Vgl. Sachverständigenrat zur Begutachtung der gesamtwirtschaftlichen Entwicklung: Jahresgutachten 2008/09, 2008, S. 1.

2.2. Konjunkturelle Auswirkungen der Finanzmarktkrise in Deutschland

2.2.1. Realwirtschaftliche Auswirkungen

2.2.1.1. Die deutsche Wirtschaft im Abschwung

Die Finanzmarktkrise blieb auch in Deutschland nicht ohne Folgen für die wirtschaftliche Entwicklung.[40] Sie hinterließ deutliche Bremsspuren, die dadurch verstärkt wurden, dass sich die Weltkonjunktur nach einer langen Wachstumsphase in einer Phase der zyklischen Abschwächung befand. Ihren Höhepunkt fand diese Entwicklung nach der Insolvenz der US-amerikanischen Investmentbank Lehman Brothers. Es kam zu einer weltweiten Verunsicherung und einer dadurch hervorgerufenen Schockstarre der internationalen Wirtschaftsentwicklung.[41] Resultat war ein Einbruch des Welthandels, dem sich die deutsche Wirtschaft nicht entziehen konnte. Hinzu kam ein Wertverlust des US-Dollars, der die Exportchancen von deutschen Unternehmen im Dollarraum zusätzlich verschlechterte. Außerdem waren Deutschlands wichtigste Handelspartner besonders stark von der weltweiten Rezession betroffen.[42] Als Folge war in der ersten Jahreshälfte 2009 ein Exportrückgang von rund 22 % zu verzeichnen (siehe hierzu Schaubild 2 im Anhang).[43]

Die in der Geschichte Deutschlands einmalige Abnahme der Auslandsnachfrage und damit der Ausfuhren, aber auch der Ausrüstungsinvestitionen, die sich um 21 % in 2009 gegenüber dem Vorjahr reduzierten, führte wegen der starken Exportorientierung der deutschen Volkswirtschaft zu einer dramatischen gesamtwirtschaftlichen Verschlechterung.[44] Infolge der tiefen Rezession verringerte sich die gesamtwirtschaftliche Produktion in 2009 um rund 5 % und erreichte damit das Niveau

---

[40] Vgl. Plickert, Philip: Europas Wirtschaft in der Abwärtsspirale, in: Frankfurter Allgemeine Zeitung vom 29.11.2008, S. 3.
[41] Vgl. Sachverständigenrat zur Begutachtung der gesamtwirtschaftlichen Entwicklung: Jahresgutachten 2009/10, 2009, S. 25 ff.
[42] Vgl. Lechner, Christoph: Einführung: Ursachen der Krise und offene Themen, in: University of St. Gallen (Hrsg.): Konsequenzen aus der Finanzmarktkrise, 2009, S. 4.
[43] Vgl. o.V.: Kommentar zu Exportentwicklung, 7.8.2009, http://www.finanznachrichten.de/nachrichten-2009-08/14640040-neue-oz-kommentar-zu-exportentwicklung-007.htm (Abruf am 7. 12. 2009).
[44] Vgl. Sachverständigenrat zur Begutachtung der gesamtwirtschaftlichen Entwicklung: Jahresgutachten 2009/10, 2009, S. 25 ff.

von 2005.[45] Sowohl die Automobil- als auch die Stahl-, die Chemie- und die Maschinenbauindustrie waren von der Krise besonders betroffen. Sie mussten ihre Umsatz- und Gewinnprognosen deutlich nach unten korrigieren.[46] Die nachstehenden Schaubilder zeigen den dramatischen Rückgang des Bruttoinlandsprodukts,[47][48] der Auftragseingänge in der Industrie, der Industrieproduktion und der Import- und Exporttätigkeit der deutschen Wirtschaft im Betrachtungszeitraum:[49]

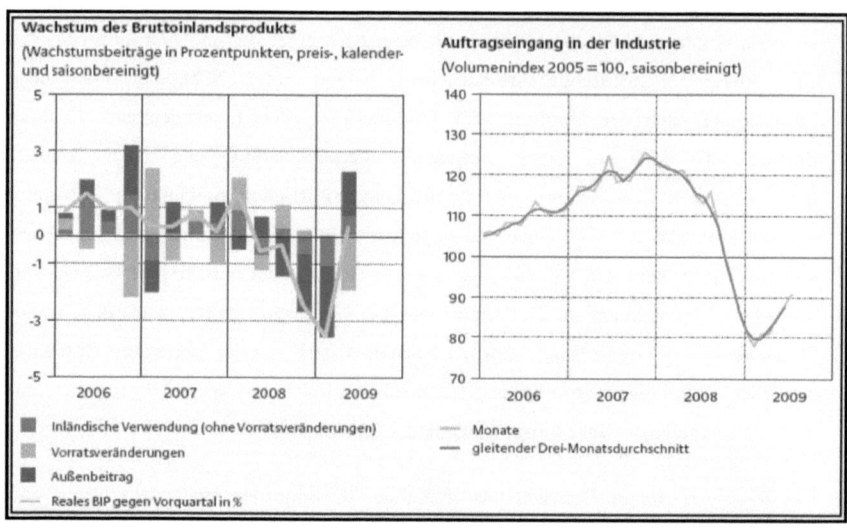

Schaubild 1: Wachstum des Bruttoinlandsprodukts und Auftragseingang in der Industrie 2006 - 2009
<u>Quelle:</u> Bundesministerium für Wirtschaft und Technologie: Schlaglichter der Wirtschaftspolitik, Monatsbericht 10/2009, Berlin 2009, S. 32, 34.

---

[45] Vgl. Sachverständigenrat zur Begutachtung der gesamtwirtschaftlichen Entwicklung: Jahresgutachten 2009/10, 2009, S. 46 f.

[46] Vgl. Lechner, Christoph: Einführung – Ursachen der Krise und offene Themen in: University of St. Gallen (Hrsg.): Konsequenzen aus der Finanzmarktkrise, 2009, S. 5.

[47] Das Bruttoinlandsprodukt misst den Wert der im Inland hergestellten Waren und Dienstleistungen, die innerhalb eines Jahres hergestellt wurden, vgl. Statistisches Bundesamt Deutschland: Das Bruttoinlandsprodukt,
http://www.destatis.de/jetspeed/portal/cms/Sites/destatis/Internet/DE/Content/Statistiken/Volkswirtschaftl icheGesamtrechnungen/Inlandsprodukt/content75/InfoInlandsprodukt,templateId=renderPrint.psml
(Abruf am 23.1.2010).

[48] Vgl. Dill, Arthur/ Lieven, Theo: Folgen der Krise für internationale Realwirtschaft, in: Elschen, Rainer/ Lieven, Theo (Hrsg.): Der Werdegang der Krise, 2009, S. 207 ff.

[49] Vgl. Bundesministerium für Wirtschaft und Technologie: Monatsbericht 10/2009, S. 32 – 36.

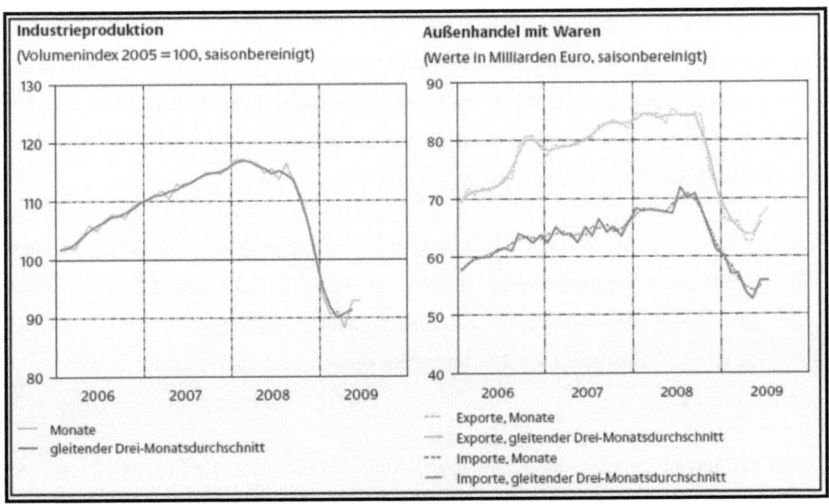

Schaubild 2: Industrieproduktion und Außenhandel mit Waren 2006 - 2009
Quelle: Bundesministerium für Wirtschaft und Technologie: Schlaglichter der Wirtschaftspolitik, Monatsbericht 10/2009, 2009, S. 33-36.

2.2.1.2. Stabilisierung, Trendwende und Erholung

Nachdem die Wirtschaftsleistung Deutschlands zunächst dramatisch eingebrochen war, kam es in der Jahresmitte 2009 zu einer Stabilisierung. Nach über vier Quartalen mit rückgängigem BIP kam es erstmals zu einem Zuwachs in Höhe von 0,3 % gegenüber dem Vorquartal;[50] jedoch lag der Wert um 7,1 % unter dem des Vorjahres. Die Schockstarre, die weltweit die Volkswirtschaften lähmte und auch die deutsche Wirtschaft kennzeichnete, wich einer zögerlichen Erholung, die sich im dritten Quartal verstärkte.[51]

Die internationale Belebung der Wirtschaft und damit der internationalen Handelsströme verbesserte die Aussichten für den deutschen Außenhandel. Die deutschen Exporte lagen im 2. Quartal 2009 zwar 25,3 % unter dem Vorjahreswert, wiesen aber im Juni 2009 bereits wieder ein Plus von 7 % gegenüber dem Vormonat

---

[50] Vgl. Deutsche Bank Research: Konjunkturausblick 2009/2010,
http://www.dbresearch.de/PROD/DBR_INTERNET_DE-PROD/PROD0000000000245246.pdf, S. 2.
[51] Vgl. Bundesministerium für Wirtschaft und Technologie: Monatsbericht 10/2009, S. 28.

auf. Die Industrieaufträge erhöhten sich seit März 2009, zuletzt im Mai mit 4.4 % und im Juni mit 4,5 %. Der konjunkturelle Tiefpunkt der deutschen Wirtschaft wurde im zweiten Quartal 2009 durchschritten und sowohl Aufträge als auch Produktion nahmen wieder zu. Jedoch lagen die Werte des zweiten Quartals um rund 20 % unter dem Vorjahreszeitraum.[52]

Die Stabilisierung der Weltwirtschaft, und auch der deutschen Wirtschaft, war nach ihrer dramatischen konjunkturellen Talfahrt im Winterhalbjahr 2008/09 nicht zuletzt auch eine Folge der weltweiten Konjunkturpakete. Außerdem wirkten sich die geldpolitischen Maßnahmen in den Industrienationen, die in Abschnitt 3 dargestellt werden, positiv aus.[53]

Auch im Inland zeigten die Konjunkturpakete der Bundesregierung Wirkung. Sie begünstigten gemeinsam mit einer gemäßigten Preisentwicklung und einer nur moderaten Eintrübung auf dem Arbeitsmarkt einen stabilen privaten Konsum, der zusätzlich die wirtschaftliche Lage in Deutschland stabilisierte (siehe hierzu Schaubild 12 im Anhang).[54]

2.2.2. Die Entwicklung des Arbeitsmarktes

Der Arbeitsmarkt reagierte in den Jahren 2008/09 trotz des stärksten wirtschaftlichen Einbruchs seit Bestehen der Bundesrepublik Deutschland überraschend stabil und widerstandsfähig. Die Zahl der Arbeitslosen stieg bis Juni 2009 unerwartet moderat um lediglich 250.000 Personen auf 3,5 Millionen Personen gegenüber dem Jahresdurchschnitt von 2008.[55] Das bedeutete einen Anstieg der Arbeitslosenquote in 2009 um nur 0,4 % gegenüber dem Vorjahr auf 8,2 %, der damit wesentlich günstiger

---

[52] Vgl. Bundesministerium für Wirtschaft und Technologie: Monatsbericht 09/2009, S. 28 ff.
[53] Vgl. Sachverständigenrat zur Begutachtung der gesamtwirtschaftlichen Entwicklung: Jahresgutachten 2009/10, 2009, S. 50.
[54] Vgl. Sachverständigenrat zur Begutachtung der gesamtwirtschaftlichen Entwicklung: Jahresgutachten 2009/10, 2009, S. 83.
[55] Vgl. Bundesministerium für Wirtschaft und Technologie: Monatsbericht 08/2009, S. 14.

ausfiel als die befürchtete Entwicklung.[56][57] Den deutschen Arbeitsmarkt in Zahlen in der Phase der Finanzkrise zeigt die nachstehende Tabelle:

	2007	2008	2009
Registrierte Arbeitslose (Tsd.)	3.777	3.268	3.432
Kurzarbeiter (Tsd.)	71	107	1.310
Arbeitslosenquote (%)	9,0	7,8	8,2

Tabelle 1: Der deutsche Arbeitsmarkt 2007-2009
Quelle: Eigene Tabelle basierend auf: Sachverständigenrat zur Begutachtung der gesamtwirtschaftlichen Entwicklung: Jahresgutachten 2009/10, 2009, S. 269.

Ursächlich für die bisher nur geringfügige Zunahme der Arbeitslosigkeit ist die Tatsache, dass die deutschen Unternehmen im Betrachtungszeitraum nur in geringem Umfang Mitarbeiter mit einem festen Anstellungsverhältnis entlassen haben, sondern stattdessen eine deutliche Senkung der Arbeitszeit vornahmen. Grundvoraussetzung hierfür war die gute Ausgangslage der Unternehmen. So hatte sich die Ausstattung deutscher Unternehmen mit Eigenkapital von 1998 bis 2007 um 8 % erhöht.[58] Außerdem stagnierten die realen Lohnkosten seit dem Jahr 2000, während die Arbeitsproduktivität in diesem Zeitraum um 8 % zunahm, was die Wettbewerbsfähigkeit deutscher Exportunternehmen stark verbesserte. Die Reduzierung der Arbeitszeit erfolgte durch eine vorübergehende Absenkung der regelmäßigen tariflichen Arbeitszeit und einen massiven Abbau von Arbeitszeitkonten sowie die Reduktion von Überstunden.[59] Eine zentrale Rolle spielte daneben vor allem die außerordentlich hohe Inanspruchnahme von Kurzarbeit (siehe hierzu Schaubild 3 Kurzarbeiter 2004 - 2009). Im Mai 2009 wurde ein Spitzenwert mit 1,53 Millionen

---

[56] Vgl. Bundesministerium für Wirtschaft und Technologie: Monatsbericht 11/2009, 2009, S. 37.
[57] Vgl. Sachverständigenrat zur Begutachtung der gesamtwirtschaftlichen Entwicklung: Jahresgutachten 2009/10, 2009, S. 270.
[58] Vgl. Sachverständigenrat zur Begutachtung der gesamtwirtschaftlichen Entwicklung: Jahresgutachten 2009/10, 2009, S. 263.
[59] Vgl. Möller, Joachim/ Walwei, Ulrich: Das deutsche Arbeitsmarktwunder auf dem Prüfstand, 2009, S.4 – 11.

Kurzarbeitern erreicht.[60] Sie trug maßgeblich zur eine Stabilisierung des deutschen Arbeitsmarktes bei.[61]

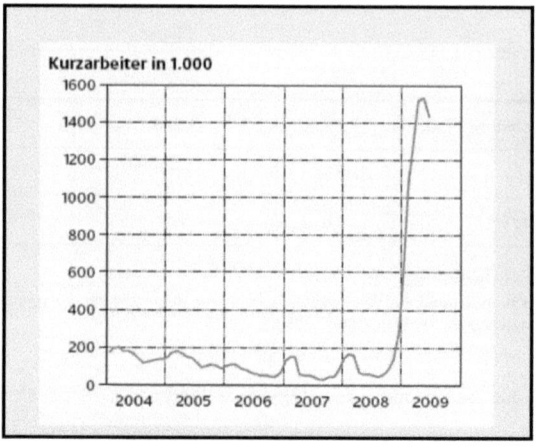

Schaubild 3: Kurzarbeiter 2004 - 2009
Quelle: Bundesministerium für Wirtschaft und Technologie: Monatsbericht 11/2009, Berlin 2009, S. 67.

In Anspruch genommen wurde vor allem die sogenannte konjunkturelle Kurzarbeit nach § 170 SGB III zur Verhinderung eines Beschäftigungsabbaus bei einem vorübergehenden Nachfrageeinbruch. Die Arbeitszeit wird dabei von 10 bis 100 % reduziert. Arbeitnehmer erhalten in der Zeit der Kurzarbeit für zwölf Monate rund 60 % der daraus resultierenden Nettoentgeltdifferenz von der Bundesagentur für Arbeit.[62] Auf die Änderungen der Kurzarbeitsvorschriften durch die Bundesregierung wird näher unter Abschnitt 3.1.2.3. eingegangen.

2.2.3. Auswirkungen auf die Kreditversorgung der deutschen Wirtschaft

Seit Ausbruch der Finanzmarktkrise Mitte 2007 kam es zu einem erheblichen Rückgang der Fremdmittelvergabe im Interbankenbereich. Die Banken gewährten sich untereinander nur noch sehr zurückhaltend Kredite, weil sie kein Vertrauen hatten, ihr

---

[60] Vgl. Bundesministerium für Wirtschaft und Technologie: Monatsbericht 11/2009, 2009, S. 38.
[61] Vgl. Heckmann, Markus/ Kettner, Anja/ Pausch, Stephanie/ Szameitat, Jörg/ Vogler-Ludwig, Kurt: Wie Betriebe in der Krise Beschäftigung stützen, in: IAB-Kurzbericht 18/2009, 2009, S. 1 – 8; vgl. Bach, Hans-Uwe/ Spitznagel, Eugen: Kurzarbeit: Betriebe zahlen mit – und haben was davon, in: IAB-Kurzbericht 17/2009, 2009, S. 1 – 8.
[62] bzw. 67 % bei Verheirateten.

Geld wiederzubekommen.[63] Von der Verknappung des Kreditangebotes durch die Banken war seit etwa Mitte 2008 und in verschärfter Form seit dem Jahresanfang 2009 auch die deutsche Wirtschaft betroffen.[64][65] Es kam zu einem deutlichen Rückgang der Kreditvergabe an deutsche Unternehmen (siehe hierzu Schaubild 4).[66] Man geht davon aus, dass in 2008 35 % der deutschen Unternehmen Probleme beim Zugang zu Krediten hatten. Nach Ansicht von Fachleuten besteht seit 2009 in Deutschland eine Kreditklemme, auch Credit Crunch genannt, die die konjunkturelle Erholung beeinträchtigt.[67][68] Deutlich ablesbar ist die dargestellte Entwicklung auch am Gesamtkreditvolumen, das an inländische Unternehmen gegeben wurde, wie Schaubild 4 zeigt:

Schaubild 4: Entwicklung Bankkredite an inländische Unternehmen 2004 - 2009
Quelle: Joebges, Heike: Finanzkrise – Ursachen, Auswirkungen, Bekämpfung, Düsseldorf (Hans-Böckler-Stiftung/IMK) 2009, S. 21.

---

[63] Vgl. Sinn, Hans-Werner: Kasino Kapitalismus, S. 71/ vgl. Boland, Tobias: Die Auswirkungen der Finanzkrise auf die Unternehmensfinanzierung, in: Elschen, Rainer/ Lieven, Theo (Hrsg.): Der Werdegang der Krise, 2009, S. 177.
[64] Vgl. Kreditanstalt für Wiederaufbau KfW-Research: Die Entwicklung des Kreditzugangs in der aufziehenden Krise, 2008, S. 1 ff.
[65] Vgl. Sachverständigenrat zur Begutachtung der gesamtwirtschaftlichen Entwicklung: Jahresgutachten 2009/10, 2009, S. 52.
[66] Vgl. Deutsche Bundesbank: Die Entwicklung der Kredite an den privaten Sektor in Deutschland während der globalen Finanzkrise, Monatsbericht September 2009, 2009, S. 23.
[67] Eine Kreditklemme liegt dann vor, wenn das Kreditangebot der Banken niedriger ist als auf Grund der Zinsen und der Wirtschaftlichkeit der Investitionsvorhaben zu erwarten wäre, vgl. Wirtschaftslexikon24: Kreditklemme, http://www.wirtschaftslexikon24.net/e/kreditklemme/kreditklemme.htm (Abruf am 14.12.2009).
[68] Vgl. Sorge, Nils-Viktor: Folgen der Finanzkrise, Kreditklemme bedroht deutsche Unternehmen, http://www.spiegel.de/wirtschaft/0,1518,581672,00.html (Abruf am 14.12.2009).

Verschiedene Faktoren führten zu der Verschärfung der Kreditvergabekonditionen und dem Rückgang der Kreditvergabe:

Die mit dem wirtschaftlichen Abschwung einhergehenden Risiken veranlassten die Banken, Kreditrisiken neu zu bewerten und geforderte Sicherheiten und andere Kreditbedingungen, wie beispielsweise die Verzinsung, anzupassen. Daraus resultierte eine Einschränkung der Kreditvergabe und eine Erhöhung der Finanzierungskosten. Unternehmensverluste aufgrund der Wirtschaftskrise verschärften die Beurteilungslage. Parallel dazu kam es zu Bonitätsherabstufungen und Liquiditätsengpässen infolge von Umsatzeinbrüchen, wodurch Schwierigkeiten bei der Kapitalaufnahme ausgelöst wurden.[69] Eine deutliche Verschlechterung war vor allem bei Unternehmen der von der Krise besonders betroffenen Exportindustrie feststellbar.[70]

Hinzu kamen ein erhöhtes Risikobewusstsein der Kreditinstitute als Ergebnis der Bankenkrise und eingeschränkte Refinanzierungsmöglichkeiten der Banken, da ihre Mittelbeschaffung über Verbriefungen und im Interbankenbereich durch Großkredite anderer Finanzinstitute infolge der Finanzmarktkrise weggebrochen war.[71] Außerdem war Fähigkeit der Kreditinstitute zum Tragen neuer Risiken durch Abschreibungen und Verluste durch die Krise reduziert. Deshalb wurden Neukredite oft auch dann nicht gegeben, wenn die gute Bonität des Schuldners dies erlaubt hätte.

All das führte zu Problemen in der Kreditversorgung der Wirtschaft, die den wirtschaftlichen Aufschwung zu gefährden drohten.

---

[69] Vgl. Klaus Spremann: Konsequenzen für Unternehmensfinanzierung und Risikomanagement, in: Universität St. Gallen (Hrsg.), Konsequenzen aus der Finanzmarktkrise, 2009, S. 37.
[70] Vgl. Sachverständigenrat zur Begutachtung der gesamtwirtschaftlichen Entwicklung: Jahresgutachten 2009/10, S. 52/ Vgl. Schnitzler, Lothar: Für manches Unternehmen wird es eng, in: Wirtschaftswoche vom 10.11.2008, S. 120 ff.
[71] Vgl. Sommer, Rainer: Die Subprime-Krise und ihre Folgen, 2009, S. 128 ff.

3. Finanzmarktstabilisierung und Konjunkturbelebung

3.1. Die Maßnahmen der deutschen Bundesregierung

Auf dem Höhepunkt der Finanzmarktkrise war ein Zusammenbruch des Weltfinanzsystems nicht mehr auszuschließen. Gleichzeitig drohte der deutschen Wirtschaft, die durch ihre starke Exportorientierung besonders von der rückläufigen Nachfrage aus den Handelspartnerländern und der Zuspitzung der Finanzmarktkrise betroffen war, die schwerste Rezession seit Jahrzehnten.

In dieser Situation ergriff die deutsche Bundesregierung entschlossen Maßnahmen, um den Finanzmarkt zu stabilisieren, der dynamischen Abwärtsspirale der Wirtschaftsentwicklung entgegenzuwirken und eine Trendumkehr zu erreichen.[72]

3.1.1. Das Finanzmarktstabilisierungsgesetz

Am 17. Oktober 2008 verabschiedete die Bundesregierung das Finanzmarktstabilisierungsgesetz (FMStG).[73] Im Mittelpunkt des Gesetzes steht die Einrichtung des Sonderfonds Finanzmarktstabilisierung (SoFFin).[74] Ziel war es, das Vertrauen in den Bankensektor wiederherzustellen und den Banken zu ermöglichen, die deutsche Wirtschaft mit finanziellen Mitteln zu versorgen.[75] [76] Der Fonds soll mit einem Finanzrahmen von 480 Milliarden Euro Liquiditätsengpässe überwinden und die Stabilität von „systemrelevanten" deutschen Unternehmen des Finanzsektors sichern bzw. deren Zusammenbruch verhindern.[77]

---

[72] Vgl. Lechner, Christoph: Einführung: Ursachen der Krise und offene Themen, in: Universität St. Gallen: Konsequenzen aus der Finanzmarktkrise, S. 16.

[73] Vgl. Bundesministerium für Wirtschaft und Technologie: Monatsbericht 08/2009, S. 9.

[74] Vgl. Bundesministerium für Wirtschaft und Technologie: Monatsbericht 03/2009, S. 13ff.

[75] Vgl. Braun, Michael/ Scholtes, Brigitte: Von der Finanzkrise zur Kreditklemme? Die Banken und der Rettungsschirm. http://www.dradio.de/dlf/sendungen/hintergrundpolitik/889684/,2008-12-09 (Abruf am 2.4.2009).

[76] Vgl. Sachverständigenrat zur Begutachtung der gesamtwirtschaftlichen Entwicklung: Jahresgutachten 2008/09, 2009, S. 5.

[77] Als „systemrelevant" wird eine Bank dann angesehen, wenn ihr Austritt aus dem Markt bzw. ihre Pleite zu dem Zusammenbruch des Finanzsystems führen würde, vgl. Wikipedia: Too Big to Fail, http://de.wikipedia.org/wiki/Systemrelevant#Systemrelevant (Abruf am 19.1. 2010).

Zur Bewältigung der Krise standen dem Fonds folgende Möglichkeiten zur Verfügung:

- Übernahme von Garantien

Um die wechselseitige Kreditgewährung zwischen den Banken wiederzubeleben, sah das Gesetz Bürgschaften für neu begebene Schuldverschreibungen und Verbindlichkeiten von Banken ein Garantievolumen von 400 Milliarden Euro vor.[78]

- Rekapitalisierung

Im Rahmen von 80 Milliarden Euro kann sich der Fonds durch Zuführung von Eigenkapital an der Rekapitalisierung von Banken beteiligen, um durch die Krise verursachte Kapitalverluste auszugleichen.[79]

- Risikoübernahme

Weiterhin besteht die Möglichkeit, dass der Fonds von Banken vor dem 13. Oktober 2008 erworbene risikobehaftete Bilanzpositionen aus deren Bilanzen übernimmt.[80]

Für die dargestellten Stützungsmaßnahmen stehen 500 Milliarden Euro zur Verfügung.[81] Tatsächlich vergeben wurden von den Mittel bislang jeweils weit unter 50 %.[82] Schon der drohende Imageschaden hindert Bankhäuser daran, die Hilfsangebote anzunehmen. Weiter Kriterien sind drohende Einkommenseinbußen des Managements oder Berichtspflichten gegenüber öffentlichen Quellen.

3.1.2. Konjunkturpakete I und II

Im Herbst 2008 verschlechterten sich die Konjunkturdaten der deutschen Wirtschaft deutlich.[83] Die Abwärtsspirale der wirtschaftlichen Entwicklung erforderte weitere

---

[78] Vgl. Bundesministerium der Finanzen: § 6 FMStG (Finanzmarktstabilisierungsgesetz), http://www.bundesfinanzministerium.de/nn_4328/sid_DCA58A7D4B1AB636310A3AE98317C055/nsc_true/DE/BMF__Startseite/Aktuelles/Aktuelle__Gesetze/Gesetze__Verordnungen/Finanzmarktstabi__anl,t empateId=raw,property=publicationFile.pdf (Abruf am 4.1.2010).
[79] Vgl. ebd. § 7.
[80] Vgl. ebd. § 8.
[81] Vgl. Sinn, Hans-Werner: Kasino Kapitalismus, 2009, S. 212.
[82] Vgl. Boland, Tobias: Die Auswirkungen der Finanzkrise auf die Unternehmensfinanzierung, in: Elschen, Rainer/ Lieven, Theo (Hrsg.): Der Werdegang der Krise, 2009, S. 189/190.
[83] Vgl. Schrinner, Axel / Hess, Dorit: Manager sehen Konjunkturpaket kritisch, in: Handelsblatt vom 9.2.2009, S. 3.

staatliche Maßnahmen. Anfang November 2008 wurde zunächst das Maßnahmenpaket „Beschäftigungssicherung durch Wachstumsstärkung" (Konjunkturpaket I) in einer Größenordnung von rund 50 Milliarden Euro beschlossen.[84] Als negative Konjunkturwerte eine starke Abwärtskorrektur der Wachstumsprognosen für die deutsche Wirtschaft in 2009 zur Folge hatten, verabschiedete die Bundesregierung im Januar 2009 den „Pakt für Beschäftigung und Stabilität in Deutschland" (Konjunkturpaket II) mit einem Gesamtvolumen von ebenfalls 50 Milliarden Euro.[85] [86]

Ziel der beiden Konjunkturpakete war es, den Exporteinbruch teilweise durch inländische Nachfrage auszugleichen und Unternehmen in die Lage zu versetzen, so weit wie möglich Beschäftigte in den Betrieben zu halten. Darüber hinaus wurde die Zielsetzung verfolgt, über Kredit- und Bürgschaftsprogramme der Kreditanstalt für Wiederaufbau und des Wirtschaftsfonds Deutschland die Kreditversorgung zukunftsfähiger deutscher Unternehmen zu sichern.

Inhaltlich lassen sich die Maßnahmen der deutschen Bundesregierung in vier Bereiche gliedern: Entlastungen für Verbraucher und Unternehmen, öffentliche Investitionen, Maßnahmen zur Beschäftigungssicherung und die Sicherung des Kreditflusses an Unternehmen.

3.1.2.1. Entlastungen für Verbraucher und Unternehmen

Fast 60 Milliarden Euro und damit der größte Teil des Gesamtvolumens der beiden Konjunkturpakete fließen innerhalb von zwei Jahren an Unternehmen und Verbraucher in Form von Steuer- und Abgabeentlastungen und unterstützen die gesamtwirtschaftliche Nachfrage.[87]

---

[84] Vgl. Bundesministerium für Wirtschaft und Technologie: Beschäftigungssicherung durch Wachstumsstärkung: Das erste Konjunkturpaket im Überblick, http://www.bmwi.de/BMWi/Navigation/Wirtschaft/Konjunktur/konjunkturpaket-1.html (Abruf am 3.1.2010).
[85] Vgl. Die Bundesregierung: Milliarden für die Konjunktur, http://www.bundesregierung.de/nn_774/Content/DE/Archiv16/Artikel/2008/12/2008-12-05-steuerliche-regelungen-investitionspaket.html (Abruf am 3.1.2010).
[86] Vgl. Bundesministerium für Wirtschaft und Technologie: Monatsbericht 08/2009, 2009, S. 11.
[87] Vgl. ebd., S. 11.

Als wesentliche Entlastungen sind zu nennen: [88]

- die Senkung der Einkommensteuer,
- ein Kinderbonus in Höhe von € 100 pro Kind,
- die Wiedereinführung der degressiven Abschreibung und von Sonderabschreibungen für mittelständische Unternehmen,
- die Senkung des paritätischen Krankenversicherungsbeitrags auf vierzehn Prozent zum 1. Juli 2009,
- die Festschreibung des Arbeitslosenversicherungsbeitrags auf 2,8 Prozent bis Ende 2010 und
- die verbesserte Absetzbarkeit von Handwerksleistungen in privaten Haushalten.

Die privaten Konsumausgaben stützten auf Grund der umfangreichen Entlastungen, der relativ stabilen Lage auf dem Arbeitsmarkt und der geringen Inflation die Wirtschaftsentwicklung. Sie konnten den erheblichen Exportrückgang teilweise ausgleichen und trugen so zur Stabilisierung in der Krise bei (siehe hierzu Schaubild 12 im Anhang).

3.1.2.2. Öffentliche Investitionen

Die öffentlichen Investitionen stellen die zweite wichtige Komponente der Konjunkturpakete dar. Um die Nachfrage anzuregen, werden sie im Zeitraum von zwei Jahren um rund zwanzig Milliarden Euro erhöht. Hiervon werden sechs Milliarden Euro in die Verkehrsinfrastruktur (Autobahn und Schiene) investiert. Auf das „Zukunftsinvestitionsprogramm", vor allem für die „Bildungsinfrastruktur" und die „kommunale Infrastruktur" entfallen rund 13 Milliarden Euro.[89] Hinzu kommen Aufwendungen für umweltfreundliche Technologien im Automobilsektor und den innovativen Mittelstand im Umfang von sieben Milliarden Euro.

---

[88] Vgl. Duwe, Manuel: Konjunktur und Krise – Weisen die Konjunkturpakete I und II einen Weg aus der Krise?, 2009, S. 6ff./ vgl. Handelskammer Hamburg: Konjunkturpaket I und II, http://www.hk24.de/produktmarken/recht_und_fair_play/steuerrecht/thema_unternehmensbesteuerung_g esetz/Konjunkturpaket_I_und_II.jsp (Abruf am 3.1.2010).
[89] Vgl. Öchsner, Thomas: Hilfe! Rette sich wer kann!, in: Süddeutsche Zeitung vom 21./22. 2.2009, S. 9/ vgl. Bundesministerium für Wirtschaft und Technologie: Monatsbericht 08/2009, S. 9 ff.

23

Von besonderer Bedeutung für die Automobilindustrie war die Umweltprämie – auch als Abwrackprämie bekannt – in Höhe von 2500 Euro. Das Gesamtvolumen dieser Maßnahme belief sich auf fünf Milliarden Euro; insgesamt wurden demzufolge zwei Millionen Prämien für umweltfreundliche Neuwagen vergeben.[90] Die Prämie belebte, wie Abbildung 10 im Anhang zeigt, das Kfz-Gewerbe deutlich.[91] Die Umsätze stiegen nach starken Einbrüchen im Jahr 2008 vor allem im Kleinwagensegment erheblich an.

3.1.2.3. Maßnahmen für den Arbeitsmarkt

Den dritten wichtigen Bestandteil der Konjunkturpakete bilden die Maßnahmen für den Arbeitsmarkt. Ihr Ziel ist es, qualifizierte Arbeitskräfte, die für den nächsten Wirtschaftsaufschwung benötigt werden, in den Betrieben zu halten. Für diesen Bereich stehen Mittel in Höhe von 6,5 Milliarden Euro zur Verfügung.[92]

Von besonders großer Bedeutung ist in diesem Zusammenhang die verbesserte Kurzarbeiterregelung.[93] Die im ersten Konjunkturpaket auf 18 Monate verlängerte Dauer des Kurzarbeitergeldes wurde nochmals auf 24 Monate erhöht. Im Konjunkturpaket II wurde außerdem festgelegt, dass die Bundesagentur für Arbeit im Falle der Kurzarbeit mindestens die Hälfte der Sozialversicherungsbeiträge übernimmt. Zudem trägt sie ab dem siebten Monat Kurzarbeit die Beiträge in vollem Umfang.[94] Zu der Wirksamkeit dieser Maßnahmen vergleiche den Unterpunkt 2.2.2. auf Seite 14.

Finanziert werden sollen daneben auch die Erhöhung der Zahl der Stellenvermittler bei der Bundesagentur für Arbeit um 2500 und zusätzliche Qualifizierungsprogramme.[95]

---

[90] Vgl. o.V.: Verschrottungsprämie sorgt für Absatzschub, in: Handelsblatt vom 11.2.2009, S. 4.
[91] Vgl. Sachverständigenrat zur Begutachtung der gesamtwirtschaftlichen Entwicklung: Jahresgutachten 2009/10, 2009, S. 212 ff.
[92] Vgl. Bundesministerium für Wirtschaft und Technologie: Monatsbericht 08/2009, S. 9 ff.
[93] Vgl. Bundesagentur für Arbeit: Das Konjunkturpaket II, in Einstellungssache 02/2009, S. 1, http://www.arbeitsagentur.de/Dienststellen/RD-BY/Coburg/AA/Unternehmen/Publikation-Unternehmen-AG-Newsletter/pdf/Arbeitgeber-Newsletter-06-2009.pdf (Abruf am 9.1.2010)/ vgl. Bundesministerium für Arbeit und Soziales: Verbesserung bestätigt: Umfangreiche Verbesserung beim Kurzarbeitergeld, http://www.bmas.de/portal/31328 (Abruf am 9.1.2010).
[94] Vgl. Bundesministerium für Arbeit und Soziales: Mit Kurzarbeit die Krise meistern, 2009, S. 7.
[95] Vgl. ebd., 2009, S. 7.

3.1.2.4. Wirtschaftsfonds Deutschland

Ein weiterer wesentlicher Teil der Konjunkturpakete besteht aus dem so genannten „Wirtschaftsfonds Deutschland", einem Kredit- und Bürgschaftsprogramm mit einem Volumen von 115 Milliarden Euro, das vorbeugend gegen eine allgemeine Kreditklemme wirken soll.[96]

Über den Wirtschaftsfonds Deutschland werden Bürgschaften nach speziell mit Blick auf die Krise festgelegten Entscheidungskriterien vergeben. Daneben wurde ein KfW-Sonderprogramm beschlossen, das Kredite an größere Unternehmen zu besseren Konditionen ermöglicht.[97]

3.1.3. Das Bad Bank-Modell

Trotz der geschilderten Maßnahmen verschlechterten sich die Kreditvergabebedingungen der Banken zunehmend.[98] Für viele Unternehmen war es schwierig, die notwendigen Kredite zu bekommen. Vor diesem Hintergrund ermöglichte der Gesetzgeber mit dem „Gesetz zur Fortentwicklung der Finanzmarktstabilisierung" (FMStFG) den Banken ab 23. Juli 2009, Wertpapiere mit erheblichem Abschreibungsbedarf in separate „Bad Banks", auszugliedern.[99] Durch diese Entlastungen ihrer Bilanzen müssen die Banken, die das Modell nutzen, weniger Eigenkapital vorhalten und können ihr Kreditangebot vergrößern.[100] Zusätzlich wurde den Landesbanken ein erweitertes Modell angeboten, das auch die Ausgliederung ganzer Geschäftsfelder mit dem Ziel der planmäßigen Abwicklung erlaubt.

---

[96] Vgl. Bundesministerium für Wirtschaft und Technologie: Monatsbericht 08/2009, S. 9 ff./ Bundesministerium der Finanzen: Wirtschaftsfonds Deutschland stärkt Unternehmen in der Krise, http://www.bundesfinanzministerium.de/DE/Buergerinnen__und__Buerger/Gesellschaft__und__Zukunft/ themenschwerpunkt__konjunkturpakete/Wirtschaftsfonds__Deutschland__Haupt.html (Abruf am 29.12.2009).

[97] Vgl. Bundesministerium für Wirtschaft und Technologie: Monatsbericht 08/2009, S. 9 ff.

[98] Vgl. Europäische Zentralbank: The Euro Bank Lending Survey, http://www.ecb.int/stats/pdf/blssurvey_200907.pdf?dbfa8cfca5cf7d99ff909d93448b2a3d (Abruf am 10.12.2009).

[99] Vgl. SoFFin Sonderfonds für Finanzmarktstabilisierung: Gesetz zur Fortentwicklung der Finanzmarktstabilisierung – Kernpunkte und Einschätzung der FMSA, http://www.soffin.de/fortentwicklung.php (Abruf am 10.12.2010).

[100] Vgl. o.V.: Banken dürfen Ballast abwerfen. Mit den „Bad Banks" beschließt der Staat ein weiteres Rettungspaket, in: Mainpost vom 4.6.2009, S. 15.

Es ist zu erwarten, dass das „Bad Bank"-Modell sich positiv auf die gesamtwirtschaftliche Normalisierung des Kreditflusses auswirkt.

3.2. Geldpolitische Maßnahmen der Europäischen Zentralbank

Das finanzielle „Erdbeben" nach dem Zusammenbruch der wichtigsten US-amerikanischen Investmentbank Lehman Brothers erforderte ein rasches, entschiedenes Handeln der zuständigen Notenbanken. Um der immer schärferen Wirtschafts- und Finanzkrise zu begegnen, senkte die Europäische Zentralbank die Leitzinsen für den Euro-Raum zwischen Oktober 2008 und Mai 2009 so stark wie nie vorher stufenweise von 4,25 Prozentpunkten auf 1,00 %. Das ist ein Zinsniveau, das im Euro-Raum niemals zuvor erreicht wurde.[101]

Schaubild 5: Leitzinsentwicklung im Euroraum 2000 - 2010
Quelle: Leitzinsen.Info: http://www.leitzinsen.info/charts/ezb.htm (Abruf am 30.12.2009).

Angesichts der Schwere der Krise entschied sich die Europäische Zentralbank darüber hinaus für „unkonventionelle" geldpolitische Maßnahmen, um die sich im Umlauf befindliche Geldmenge zu vermehren. Dadurch wollte die europäische Notenbank die

---

[101] Vgl. Börse.ARD: EZB senkt erneut Leitzins, http://boerse.ard.de/content.jsp?key=dokument_350692 (Abruf am 30.12.2009).

Kreditversorgung der Wirtschaft positiv beeinflussen, um die Realwirtschaft anzukurbeln.[102]

Zum einen stellte die EZB den Banken seit Oktober 2008 unbegrenzt Kredite zu festen Zinssätzen zur Verfügung, auf der anderen Seite senkte sie die Anforderungen an Sicherheiten, die die Banken der EZB überlassen müssen, um Geldmittel zu bekommen. Weiterhin wurden Kredite mit längerer Laufzeit und Liquidität in Fremdwährung bereitgestellt. Das führte zu einer Ausweitung des umlaufenden Bargelds und der Sichteinlagen der Banken bei der Notenbank um mehr als 20 %, wobei die EZB den Geschäftsbanken in der Eurozone die Rekordsumme von über 442 Milliarden Euro zur Verfügung stellte.[103]

Daneben erwarb die EZB ab Mitte 2009 Staatsanleihen und Pfandbriefe von Unternehmen, um den langfristigen Verschuldungsmarkt wiederzubeleben, der für die Refinanzierung der Banken eine wichtige Rolle spielt.[104]

4. Ausblick

Die amerikanische Immobilienblase brachte das internationale Finanzsystem an den Rand des Abgrunds und führte die Weltwirtschaft in eine der schärfsten Rezessionen seit Jahrzehnten. Eine ungeheure Zerstörung von Werten ging damit einher. Es gibt hierzu in der Geschichte kaum ein vergleichbares Geschehen.

Einige Bankhäuser eines Landes waren durch ihr unverantwortliches Verhalten in der Lage, das gesamte internationale Finanzmarktgefüge ins Wanken zu bringen. Dass dies nie wieder möglich sein dürfe und geeignete Maßnahmen ergriffen werden müssten, um eine Wiederholung zu verhindern, war die einhellige Ansicht der politischen Führung der betroffenen Industriestaaten. So betonte beispielsweise die deutsche

[102] Vgl. o.V.: Furcht vor der Liquiditätsfalle, http://www.zeit.de/online/2009/07/geldpolitik-ezb?page=all (Abruf am 31.12.2009).
[103] Vgl. Trautmann, Peter: Konjunktur im Blick/EZB-Geldpolitik in der Zeit der Krise, http://www.finanzen.net/nachricht/aktien/KONJUNKTUR-IM-BLICK-EZB-Geldpolitik-in-Zeiten-der-Krise-452555 (Abruf am 31.12.2009).
[104] Vgl. Hans-Böckler-Stiftung: IMK Report Nr. 38, 2009, S. 9.

Bundeskanzlerin Angela Merkel bei der 5. Tagung des deutsch-chinesischen Forums für wirtschaftliche und technologische Zusammenarbeit:[105]

„Wir sind uns einig, dass wir natürlich nicht nur gestärkt aus dieser Krise herauskommen müssen, sondern dass wir Sorge tragen müssen, dass die Lehren so gezogen werden, dass sie sich nicht in ein paar Jahren wiederholen."

Der amerikanische Präsident Barack Obama äußerte am Jahrestag zur Lehman-Pleite am 14.9.2009 in der Federal Hall der Wall Street:[106]

„Ich möchte, dass Sie meine Worte hören: Wir werden nicht zu jenen Tagen rücksichtslosen Verhaltens und unkontrollierbarer Exzesse zurückkehren, an denen diese Krise ihren Anfang fand. Zu jenen Tagen, an denen viele bloß auf schnelle Beute und aufgeblähte Boni aus waren."

Schaubild 6: Obama vs. Wallstreet
Quelle: derStandard.at: Diskussionen, die auch noch geführt werden müssen, http://derstandard.at/1262208724550/Cartoons-Diskussionen-die-auch-noch-gefuehrt-werden-muessen?_slideNumber=2&_seite=1&sap=2 (Abruf am 25.1.2010).

Seit Mitte des vergangenen Jahres sind, auch in Deutschland, immer mehr Anzeichen einer wirtschaftlichen Stabilisierung und Erholung zu erkennen. In vielen Bereichen ist eine Rückkehr zur Normalität zu verzeichnen. Dies gilt im negativen Sinn auch für den Finanzmarkt. Die Gier ist zurück und kompliziert konstruierte Finanzmarktprodukte werden wie in alten Zeiten angeboten. Die Praxis der Boni-Zahlungen entspricht vielfach bereits wieder der vor der Krise. Und die beabsichtigten Maßnahmen zur Bereinigung und Kontrolle des Finanzmarktsektors lassen in ihrem Umfang und ihrer Qualität zu wünschen übrig. Der Reformeifer ist erlahmt.

---

[105] Vgl. Die Bundesregierung: Rede von Bundeskanzlerin Angela Merkel anlässlich der 5. Tagung des Deutsch-Chinesischen Forums für industrielle und technologische Zusammenarbeit am 29. Januar, http://www.bundesregierung.de/Content/DE/Rede/2009/01/2009-01-29-merkel-dt-chin-wirtschaftsforum.html (Abruf am 25.1.2010).
[106] Vgl. Libaton, Stephen/ Zeleny, Jeff: For Obama, a Chance to Reform the Street Is Fading, http://www.nytimes.com/2009/09/15/business/15obama.html (Abruf am 25.1.2010).

Der Ausgang dieses Geschehens ist offen. Die Frage ist, ob nach Überstehen der Krise die Motivation der Handlungs- und Entscheidungsträger noch ausreicht, wirksame Veränderungen herbeizuführen. Auch muss man sich fragen, ob sie tatsächlich diejenigen sind, die die erforderliche Macht hierfür in Händen halten. Ein aktuelles Beispiel ist die Initiative des US-Präsidenten Obama zur Einführung einer Bankensteuer als Reaktion auf Lernunfähigkeit amerikanischer Banken und deren exzessives Bonus-Verhalten. Die Folge davon war eine Talfahrt der internationalen Börsen, eine unerwünschte Reaktion, auf die die Politik keinen Einfluss hat und die für den Politiker Obama negative Folgen in anderen Politikfeldern zur Folge haben kann.

5. Anhang

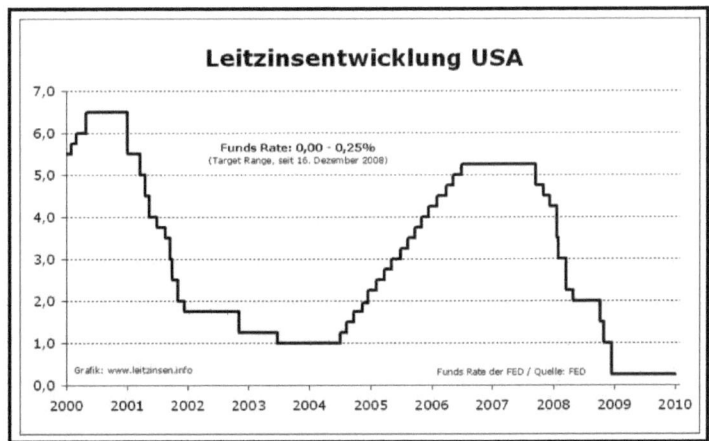

Schaubild 7: Leitzinsentwicklung USA 2000 – 2010
Quelle: Leitzinsen.Info: http://www.leitzinsen.info/charts/funds.htm (Abruf am 4.1.2010).

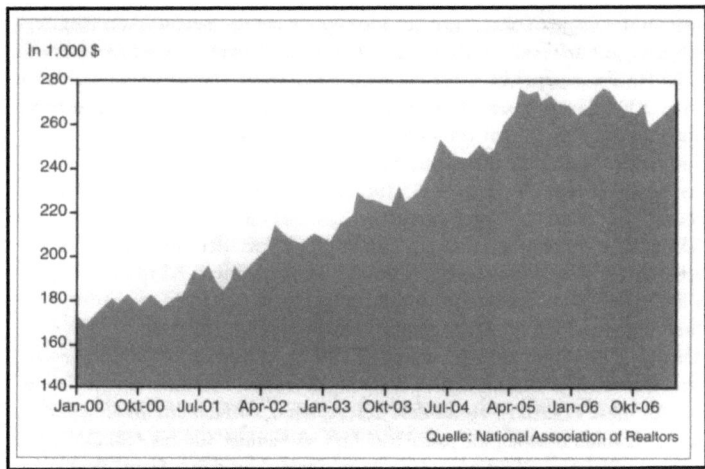

Schaubild 8: Durchschnittspreise gebrauchter Wohnungsimmobilien Januar 2000 - Oktober 2006
Quelle: Sommer, Rainer: Die Subprime-Krise. Wie einige faule US-Kredite das internationale Finanzsystem erschüttern, Hannover (Heise) 2008, S. 16.

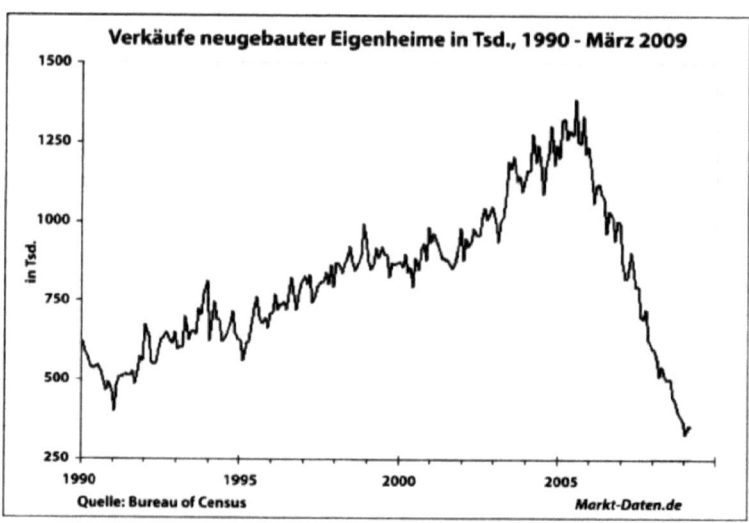

Schaubild 9: Entwicklung des privaten Wohnungsmarktes in den Vereinigten Staaten 1990 - 2009
Quelle: Dill, Arthur/ Lieven Theo: Folgen der Krise für die internationale Realwirtschaft, in: Elschen, Rainer/ Lieven, Theo (Hrsg.): Der Werdegang der Krise. Von der Subprime- zur Systemkrise, Wiesbaden (Gabler) 2009, S. 206.

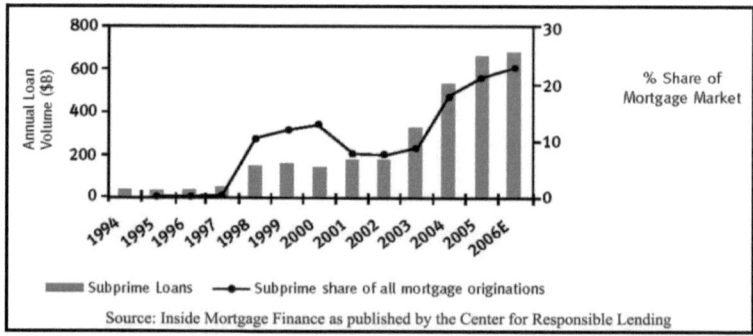

Schaubild 10: Wachstum des Subprime-Kreditmarktes und Anteil am gesamten Kreditmarkt 1994 - 2006
Quelle: Stradley: The Subprime Lending Industry, http://www.stradley.com/library/ChartsHT1.jpg (Abruf am 17.1.2010).

Unternehmen	Mrd.$	Unternehmen	Mrd.$	Unternehmen	Mrd.$
Wachovia Corp.	101,9	UniCredit SpA	6,2	Deutsche Postbank AG	1,9
Citigroup Inc.	101,8	Other Asian Banks	5,9	Progressive	1,9
Freddie Mac	95,1	Bank of China Ltd	5,9	Bank Hapoalim B.M.	1,9
Fannie Mae	90,6	MBIA Inc	5,8	Bank of Montreal	1,8
AIG	89,8	Fifth Third Bancorp	5,6	Protective Life Corp.	1,8
Bank of America	56,6	Royal Bank of Canada	5,4	Torchmark Corp	1,7
Merrill Lynch	55,9	Commerzbank AG	5,4	Scottish Re Group LTD	1,7
UBS AG	53,1	Aflac Inc	5,2	Banco Popolare Espania	1,7
Washinton Mutual	45,3	IndyMac Bancorp	5,2	Nationwide Financial	1,6
HSBC Holdings Plc	42,2	Principal Financial	5,1	Bank of Nova Scotia	1,5
JPMorgan Chase	41,1	Dresdner Bank AG	5,0	First Horizon	1,4
Royal Bank of Scotland	31,6	Genworth Financial	5,0	Other US Banks	1,4
HBOS Plc.	29,1	U.S. Bancorp	5,0	Zions Bancorporation	1,3
Wells Fargo	27,9	E✳TRADE Financial	5,0	DNB NOR ASA	1,3
National City Corp.	25,2	XL Capital	4,9	Radian Group Inc	1,1
Morgan Stanley	22,7	Lincoln National Corp	4,8	FBL Financial	1,1
Barclays Plc.	19,9	LBBW	4,6	Ace Ltd	1,1
Deutsche Bank AG	19,0	CNA Financial Corp	4,1	Caisse d'Epargne	1,1
Credit Suisse Group AG	17,8	HSH Nordbank AG	4,0	Sumitomo Mitsui	1,1
BayernLB	16,6	Nomura Holdings Inc.	4,0	National Bank of Can.	1,0
Lehman Brothers Holding	16,2	Lloyds Banking Group	3,6	Gulf International	1,0
ING Groep N.V.	15,9	Rabobank	3,4	PMI Group Inc/The	1,0
IKB	14,3	WestLB AG	3,4	Reinsurance G. of Am.	1,0
BNP Paribas	14,2	Huntington Bancshares	3,3	Sumitomo Trust	0,9
Hartford Financial	12,4	Bear Stearns Companie	3,2	Other Canadian Banks	0,8
PNC Financial Services	12,4	Berkshire Hathaway	3,2	Coseco Inc	0,8
Metlife Inc	12,2	Austr. & New Zeal. Bank	3,1	Other US Insurers	0,8
KBC Groep NV	11,7	Mitsubishi UFJ	3,1	Unum Group	0,7
Prudential Financial	11,7	Zurich Financial	3,0	Old Mutual Plc	0,7
Societe Generale	11,5	KeyCorp	2,9	Sun Life Financial	0,6
Ambac Financial	11,4	Marshall & Ilsley Corp.	2,9	Prudential PLC	0,6
Fortis	9,1	Bank of Ireland	2,8	Aioi Insurance Co	0,6
Natixis	8,9	Northern Rock PLC	2,7	MGIC Investment Corp	0,6
Canadian Imperial	8,7	Alliance & Leicester	2,6	American Equity Invest	0,6
Aegon NV	8,6	Manulife Financial	2,6	Axis Capital	0,5
Credit Agricole S.A.	8,6	Allied Irish Banks Plc	2,6	Assured Guaranty	0,5
Banco Santander SA	8,3	Sovereign Bancorp Inc.	2,5	Tokio Marine Holdings	0,5
Allstate Corp	8,1	Sachsen LB	2,5	Swiss Life Holding	0,4
Swiss Re	8,1	Banco Bilbao Vizcay	2,4	Assurant Inc	0,4
Goldman Sachs Group	7,9	Industrial and Comm...	2,4	Munich Re	0,3
Allianz SF	7,7	ABN AMRO Holding NV	2,2	Sompo Japan Insura...	0,3
Mizuho Financial Group	7,5	Intesa Sanpaolo	2,1	Andere eur. Versicherer	0,2
Other European Banks	7,4	Banco Popolare	2,1	Travelers	0,2
DZ Bank AG	7,2	CNP Assurances	2,0	DBS Group Holdings	0,2
SunTrust Banks Inc	7,0	BB&T Corp	2,0	Nipponkoa Insurance	0,1
Dexia SA	6,6	Syncora Holdings Ltd	2,0		
Hypo Real Estate	6,5	Axa	1,9	Summe 1472 Mrd.$	

Schaubild 11: Weltweite Abschreibungen bis Juni 2009

Quelle: Bryazgin, Kyrill/ Hader, Jan/ Lieven, Theo: Folgen der Krise für die internationale Finanzwirtschaft, in: Elschen, Rainer/ Lieven, Theo (Hrsg.): Der Werdegang der Krise. Von der Subprime- zur Systemkrise, Wiesbaden (Gabler) 2009, S. 160.

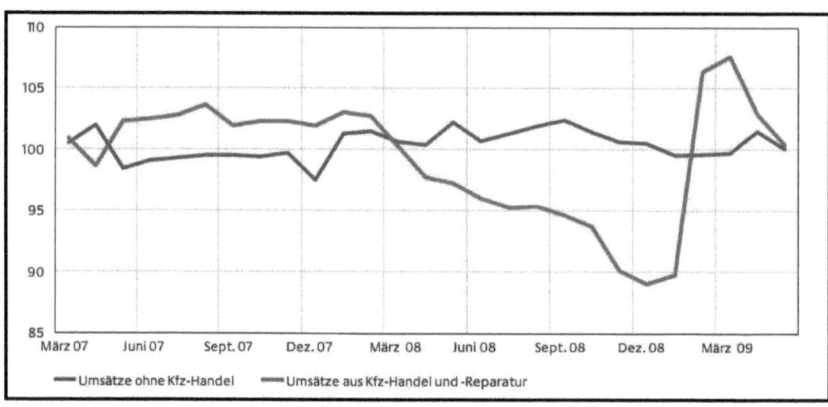

Schaubild 12: Umsätze im Einzelhandel (in jeweiligen Preisen, Index: 2005=100) März 2007 - März 2009
Quelle: Statistisches Bundesamt Deutschland: Entwicklung der realen Umsätze, http://destatis.de/jetspeed/portal/_ns:YWl3bXMtY29udGVudDo6Q29udGVudFBvcnRsZXQ6OjF8YzB8 ZDF8ZWNoYW5nZVdpbmRvd1N0YXRlPT9dHJ1ZQ__/cms/Sites/destatis/Internet/DE/Grafiken/Binn enhandel/Diagramme/Einzelhandel,templateId=renderPrint.psml (Abruf am 22.1.2010).

6. Literaturverzeichnis

Abele, Jürgen: Spekulation und Finanzkrisen, Saarbrücken (VDM Dr. Müller) 2006.

Becker, Hans Peter/ Peppmeier, Arno: Bankbetriebslehre, Herne (Friedrich Kiehl) 2008.

Bloss, Michael/ Eil, Nadine/ Ernst, Dietmar/ Häcker, Joachim: Von der Subprime-Krise zur Finanzkrise, München (Oldenbourg) 2009.

Duwe, Manuel: Konjunktur und Krise – Weisen die Konjunkturpakete I und II einen Weg aus der Krise?, Berlin (Grin) 2009.

Glebe, Dirk: Die globale Finanzkrise, Norderstedt (Books on Demand) 2008.

Köhler, Wolfgang: Wall Street Panik: Banken außer Kontrolle, Murnau (Mankau) 2008.

Münchau, Wolfgang: Kernschmelze im Finanzsystem, München (Hauser) 2008.

Otte, Max: Der Crash kommt. Die neue Weltwirtschaftskrise und wie Sie sich darauf vorbereiten, Berlin (Ullstein) 2009.

Schneider, Alexandra: Analyse der aktuellen Finanzkrise und deren Auswirkungen auf den Mittelstand, Hamburg (Diplomica) 2009.

Sinn, Hans-Werner: Kasino Kapitalismus. Wie es zur Finanzkrise kam und was jetzt zu tun ist, Berlin (Econ) 2009.

Sommer, Rainer: Die Subprime-Krise. Wie einige faule US-Kredite das internationale Finanzsystem erschüttern, Hannover (Heise) 2008.

Sommer, Rainer: Die Subprime-Krise und ihre Folgen. Von faulen US-Krediten bis zur Kernschmelze des internationalen Finanzsystems, Hannover (Heise) 2009.

Soros, George: Das Ende der Finanzmärkte – und deren Zukunft, München (FinanzBuch) 2008.

Boland, Tobias: Die Auswirkungen der Finanzkrise auf die Unternehmensfinanzierung, in: Elschen, Rainer/ Lieven, Theo (Hrsg.): Der Werdegang der Krise. Von der Subprime- zur Systemkrise, Wiesbaden (Gabler) 2009, S.165-195.

Bryazgin, Kyrill/ Hader, Jan/ Lieven, Theo: Folgen der Krise für die internationale Finanzwirtschaft, in: Elschen, Rainer/ Lieven, Theo (Hrsg.): Der Werdegang der Krise. Von der Subprime- zur Systemkrise, Wiesbaden (Gabler) 2009, S. 143-163.

Czaykowski, Mario/ Gehring, Hermann/ Theiselmann, Thomas/ Wink, Kerstin: Konsumverhalten und Hypothekenmarkt in den USA, in: Elschen, Rainer/ Lieven, Theo (Hrsg.): Der Werdegang der Krise. Von der Subprime- zur Systemkrise, Wiesbaden (Gabler) 2009, S. 29-45.

Dill, Arthur/ Lieven, Theo: Folgen der Krise für internationale Realwirtschaft, in: Elschen, Rainer/ Lieven, Theo (Hrsg.): Der Werdegang der Krise. Von der Subprime- zur Systemkrise, Wiesbaden (Gabler) 2009, S. 197-218.

Göcmen, Firat/ Polonis, Adalbert: Die Reaktionen der Zentralbanken im internationalen Vergleich, in: Elschen, Rainer/ Lieven, Theo (Hrsg.): Der Werdegang der Krise. Von der Subprime- zur Systemkrise, Wiesbaden (Gabler) 2009, S. 239-258.

Huth, Tobias: Aggressives Marketing von Banken und Finanzvermittlern, in: Elschen, Rainer/ Lieven, Theo (Hrsg.): Der Werdegang der Krise. Von der Subprime- zur Systemkrise, Wiesbaden (Gabler) 2009, S. 47-63.

Krassin, Annika/ Lieven, Theo/ Tran, Thi Mai Yen: Asset Backed Securities (ABS) und ihr Einfluss auf die Entwicklung der Finanzkrise, in: Elschen, Rainer/ Lieven, Theo (Hrsg.): Der Werdegang der Krise. Von der Subprime- zur Systemkrise, Wiesbaden (Gabler) 2009, S. 67-113.

Lechner, Christoph: Einführung: Ursachen der Krise und offene Themen, in: University of St. Gallen (Hrsg.): Konsequenzen aus der Finanzmarktkrise, St. Gallen (Universität St. Gallen) 2009, S.4-6.

Lieven, Petra: Lehman 9/15: Die größte Insolvenz aller Zeiten in: Elschen, Rainer/ Lieven, Theo (Hrsg.): Der Werdegang der Krise. Von der Subprime- zur Systemkrise, Wiesbaden (Gabler) 2009, S. 219-236.

Möller, Joachim/ Walwei, Ulrich: Das deutsche Arbeitsmarktwunder auf dem Prüfstand, in: IAB Forum Special 2009, Themenschwerpunkt Krisencheck, Nürnberg (IAB Forum) 2009.

Spremann, Klaus: Konsequenzen für Unternehmensfinanzierung und Risikomanagement, in: Universität of St. Gallen (Hrsg.), Konsequenzen aus der Finanzmarktkrise, St. Gallen (Universität St. Gallen) 2009.

Bach, Hans-Uwe/ Spitznagel, Eugen: Kurzarbeit: Betriebe zahlen mit – und haben was davon, in: IAB-Kurzbericht 17/2009, Nürnberg (IAB) 2009.

Bundesministerium für Arbeit und Soziales: Mit Kurzarbeit die Krise meistern, Berlin 2009.

Bundesministerium für Wirtschaft und Technologie: Schlaglichter der Wirtschaftspolitik, Monatsbericht 03/2009, Berlin 2009.

Bundesministerium für Wirtschaft und Technologie: Schlaglichter der Wirtschaftspolitik, Monatsbericht 08/2009, Berlin 2009.

Bundesministerium für Wirtschaft und Technologie: Schlaglichter der Wirtschaftspolitik, Monatsbericht 09/2009, Berlin 2009.

Bundesministerium für Wirtschaft und Technologie: Schlaglichter der Wirtschaftspolitik, Monatsbericht 10/2009, Berlin 2009.

Bundesministerium für Wirtschaft und Technologie: Schlaglichter der Wirtschaftspolitik, Monatsbericht 11/2009, Berlin 2009.

Deutsche Bundesbank: Die Entwicklung der Kredite an den privaten Sektor in Deutschland während der globalen Finanzkrise, Monatsbericht September 2009, Frankfurt/Main 2009.

Heckmann, Markus/ Kettner, Anja/ Pausch, Stephanie/ Szameitat, Jörg/ Vogler-Ludwig, Kurt: Wie Betriebe in der Krise Beschäftigung stützen, in: IAB-Kurzbericht 18/2009, Nürnberg (IAB) 2009.

Joebges, Heike: Finanzkrise – Ursachen, Auswirkungen, Bekämpfung, Düsseldorf (Hans-Böckler-Stiftung/IMK) 2009.

Kreditanstalt für Wiederaufbau / KfW-Research: Die Entwicklung des Kreditzugangs in der aufziehenden Krise 2008, Akzente Nr. 13, Frankfurt/Main (KfW) 2009.

Sachverständigenrat zur Begutachtung der gesamtwirtschaftlichen Entwicklung: Jahresgutachten 2008/09, Wiesbaden 2008.

Sachverständigenrat zur Begutachtung der gesamtwirtschaftlichen Entwicklung: Jahresgutachten 2009/10, Wiesbaden 2009.

ver.di: Finanzmarktkrise, Wirtschaftspolitische Informationen 3/2008, Berlin (ver.di) 2008.

Franke, Günter/ Krahnen, Jan Pieter: Finanzmarktkrise, Ursachen und Lehren, in: Frankfurter Allgemeine Zeitung vom 24.11.2007, S. 13.

Marschall, Christoph: Harrys Häuser – Eine Reise an die Quelle der Immobilienkrise, aus der eine weltweite Finanzkrise wurde, in: Main-Post vom 31.10.2008, S. 45.

o.V.: Banken dürfen Ballast abwerfen. Mit den „Bad Banks" beschließt der Staat ein weiteres Rettungspaket, in: Mainpost vom 4.6.2009, S. 15.

o.V.: Eine kleine Bank in der großen Welt, in: Frankfurter Allgemeine Zeitung vom 3.8.2007, S. 12.

o.V.: Verschrottungsprämie sorgt für Absatzschub, in: Handelsblatt vom 11.2.2009, S.4.

Öchsner, Thomas: Hilfe! Rette sich wer kann!, in: Süddeutsche Zeitung vom 21./22.2.2009, S.9.

Plickert, Philip: Europas Wirtschaft in der Abwärtsspirale, in: Frankfurter Allgemeine Zeitung vom 29.11.2008, S.3.

Schnitzler, Lothar: Für manches Unternehmen wird es eng, in: Wirtschaftswoche 2008/46 vom 10.11.2008, S. 120 ff.

Schrinner, Axel / Hess, Dorit: Manager sehen Konjunkturpaket kritisch, in: Handelsblatt vom 9.2.2009, S.3.

Börse.ARD: EZB senkt erneut Leitzins, http://boerse.ard.de/content.jsp?key=dokument _350692 (Abruf am 30.12.2009).

Braun, Michael/ Scholtes, Brigitte: Von der Finanzkrise zur Kreditklemme? Die Banken und der Rettungsschirm, http://www.dradio.de/dlf/sendungen/hintergrundpolitik /889684/,2008-12-09 (Abruf am 2.4.2009).

Bundesagentur für Arbeit: Das Konjunkturpaket II, in Einstellungssache, 02/2009, S.1, http://www.arbeitsagentur.de/Dienststellen/RD-BY/Coburg/AA/Unternehmen/Publikation-Unternehmen-AG-Newsletter/pdf/Arbeitgeber-Newsletter-06-2009.pdf (Abruf am 9.1.2010).

Bundesministerium der Finanzen: § 6 FMStG (Finanzmarktstabilisierungsgesetz), http://www.bundesfinanzministerium.de/nn_4328/sid_DCA58A7D4B1AB636310A3A

E98317C055/nsc_true/DE/BMF__Startseite/Aktuelles/Aktuelle__Gesetze/Gesetze__Ve
rordnungen/Finanzmarktstabi__anl,templateId=raw,property=publicationFile.pdf
(Abruf am 4.1.2010).

Bundesministerium der Finanzen: Wirtschaftsfonds Deutschland stärkt Unternehmen
in der Krise, http://www.bundesfinanzministerium.de/DE/Buergerinnen__und__Buerge
r/Gesellschaft__und__Zukunft/themenschwerpunkt__konjunkturpakete/Wirtschaftsfond
s__Deutschland__Haupt.html (Abruf am 29.12.2009).

Bundesministerium für Arbeit und Soziales: Verbesserung bestätigt: Umfangreiche
Verbesserung beim Kurzarbeitergeld, http://www.bmas.de/portal/31328 (Abruf am
9.1.2010).

Bundesministerium für Wirtschaft und Technologie: Beschäftigungssicherung durch
Wachstumsstärkung: das erste Konjunkturpaket im Überblick,
http://www.bmwi.de/BMWi/Navigation/Wirtschaft/Konjunktur/konjunkturpaket-1.html
(Abruf am 3.1.2010).

derStandard.at: Diskussionen, die auch noch geführt werden müssen,
http://derstandard.at/1262208724550/Cartoons-Diskussionen-die-auch-noch-gefuehrt-
werden-muessen?_slideNumber=2&_seite=1&sap=2 (Abruf am 25.1.2010).

Gräf, Bernhard/ Just, Tobias/ Möbert, Jochen/ Schneider, Stefan:
Konjunkturausblick 2009/10, in: Deutsche Bank Research (Hrsg.): Konjunkturausblick
2009/10, http://www.dbresearch.de/PROD/DBR_INTERNET_DE-
PROD/PROD0000000000245246.pdf (Abruf am 10.12.2009)

Die Bundesregierung: Milliarden für die Konjunktur, http://www.bundesregierung.de/
nn_774/Content/DE/Archiv16/Artikel/2008/12/2008-12-05-steuerliche-regelungen-
investitionspaket.html (Abruf am 3.1.2010).

Die Bundesregierung: Rede von Bundeskanzlerin Angela Merkel anlässlich der 5.
Tagung des Deutsch-Chinesischen Forums für industrielle und technologische
Zusammenarbeit am 29. Januar, http://www.bundesregierung.de/Content/DE/Rede/2009
/01/2009-01-29-merkel-dt-chin-wirtschaftsforum.html (Abruf am 25.1.2010).

Ditz, Rüdiger: Merkels Guthaben-Garantie, 5.10.2008,
http://www.spiegel.de/wirtschaft/0,1518,582308,00.html (Abruf am 16.1.2010).

Dowideit, Anette: Eine Wallstreet-Legende wird gefleddert, 19.4.2008,
http://www.welt.de/finanzen/article1819009/Eine_Wall_Street_Legende_wird_gefledde
rt.html (Abruf am 10.12.2009).

Europäische Zentralbank: The Euro Bank Lending Survey, http://www.ecb.int/stats/p
df/blssurvey_200907.pdf?dbfa8cfca5cf7d99ff909d93448b2a3d (Abruf am 10.12.2009).

Handelskammer Hamburg: Konjunkturpaket I und II,
http://www.hk24.de/produktmarken/recht_und_fair_play/steuerrecht/thema_unternehme
nsbesteuerung_gesetz/Konjunkturpaket_I_und_II.jsp (Abruf am 3.1.2010).

Leitzinsen.Info: Leitzinsentwicklung USA,
http://www.leitzinsen.info/charts/funds.htm (Abruf am 4.1.2010).

Leitzinsen.Info: Leitzinsentwicklung in Euroraum,
http://www.leitzinsen.info/charts/ezb.htm (Abruf am 30.12.2009).

Libaton, Stephen/ Zeleny, Jeff: For Obama, a Chance to Reform the Street Is Fading,
http://www.nytimes.com/2009/09/15/business/15obama.html (Abruf am 25.1.2010).

Minaty, Christian: Finanzkrise (10): Vom eigenen Traumhaus in die Zeltstadt,
15.6.2009, http://www.aspect-online.de/finanztipps/finanzkrise-10-vom-eigenen-
traumhaus-in-die-zeltstadt-15062009.htm (Abruf am 17.1.2010).

o.V.: Credit Crunch, http://www.ad-hoc-news.de/credit-crunch--
/de/Boersenlexikon/10482716 (Abruf am 23.12.2009).

o.V.: Furcht vor der Liquiditätsfalle, http://www.zeit.de/online/2009/07/geldpolitik-
ezb?page=all (Abruf am 31.12.2009).

o.V.: Kommentar zur Exportentwicklung, http://www.finanznachrichten.de/nachrichten
-2009-08/14640040-neue-oz-kommentar-zu-exportentwicklung-007.htm (Abruf am 7.
12. 2009).

Peter Trautmann: Konjunktur im Blick/EZB-Geldpolitik in der Zeit der Krise, http://www.finanzen.net/nachricht/aktien/KONJUNKTUR-IM-BLICK-EZB-Geldpolitik-in-Zeiten-der-Krise-452555 (Abruf am 31.12.2009).

SoFFin Sonderfonds für Finanzmarktstabilisierung: Gesetz zur Fortentwicklung der Finanzmarktstabilisierung – Kernpunkte und Einschätzung der FMSA, http://www.soffin.de/fortentwicklung.php (Abruf am 10.12.2010).

Sorge, Nils-Viktor: Folgen der Finanzkrise: Kreditklemme bedroht deutsche Unternehmen, http://www.spiegel.de/wirtschaft/0,1518,581672,00.html (Abruf am 14.12.2009).

Statistisches Bundesamt Deutschland: Das Bruttoinlandsprodukt, http://www.destatis.de/jetspeed/portal/cms/Sites/destatis/Internet/DE/Content/Statistike n/VolkswirtschaftlicheGesamtrechnungen/Inlandsprodukt/content75/InfoInlandsprodukt ,templateId=renderPrint.psml (Abruf am 23.1.2010).

Wikipedia: Too Big to Fail, http://de.wikipedia.org/wiki/Too_Big_to_Fail (Abruf am 19.1.2010).

Wirtschaftslexikon24: Bank-run, http://www.wirtschaftslexikon24.net/d/bank-run/bank-run.htm (Abruf am 16.1.10).

Wirtschaftslexikon24: Kreditklemme, http://www.wirtschaftslexikon24.net/e/kreditkle mme/kreditklemme.htm (Abruf am 14.12.2009).